12 AVR. 1867

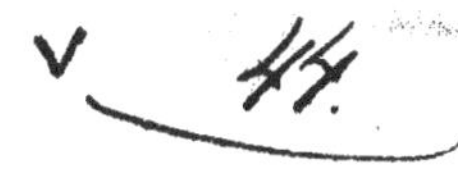

CATALOGUE

D'OBJETS DE LA CHINE

ET DU JAPON

**Émaux cloisonnés, Matières précieuses, Bronzes,
Laques, Bijoux, Sceptre en or, Perles fines,
Coraux, Porcelaines, Armes, Sculptures;
Objets variés;**

TRÈS-BELLES ÉTOFFES

DONT LA VENTE AUX ENCHÈRES PUBLIQUES AURA LIEU

HOTEL DROUOT

SALLE N° 7, AU PREMIER ÉTAGE

Le Vendredi 12 Avril 1867

A UNE HEURE ET DEMIE

Par le ministère de M⁰ **PERROT**, Commissaire-Priseur,
Place du Pont-Saint-Michel, 5,
Assisté de M. **CHARLES MANNHEIM**, Expert, rue de la Paix, 10,

CHEZ LESQUELS SE DÉLIVRE LE CATALOGUE.

EXPOSITION PUBLIQUE

Le Jeudi 11 Avril 1867, de une heure a cinq heures

PARIS

RENOU & MAULDE

IMPRIMEURS DE LA COMPAGNIE DES COMMISSAIRES-PRISEURS
Rue de Rivoli, 144

1867

Mr Stitzer

CATALOGUE

D'OBJETS DE LA CHINE

ET DU JAPON

**Émaux cloisonnés, Matières précieuses, Bronzes.
Laques, Bijoux, Sceptre en or, Perles fines.
Coraux, Porcelaines, Armes, Sculptures;
Objets variés;**

TRÈS-BELLES ÉTOFFES

DONT LA VENTE AUX ENCHÈRES PUBLIQUES AURA LIEU

HOTEL DROUOT

SALLE N° 7, AU PREMIER ÉTAGE

Le Vendredi 12 Avril 1867

A UNE HEURE ET DEMIE

Par le ministère de Mᵉ **PERROT**, Commissaire-Priseur,
Place du Pont-Saint-Michel, 5,
Assisté de M. **CHARLES MANNHEIM**, Expert, rue de la Paix, 10.

CHEZ LESQUELS SE DÉLIVRE LE CATALOGUE.

EXPOSITION PUBLIQUE

Le Jeudi 11 Avril 1867, de une heure à cinq heures

PARIS

RENOU & MAULDE
IMPRIMEURS DE LA COMPAGNIE DES COMMISSAIRES-PRISEURS
Rue de Rivoli, 144
1867

CONDITIONS DE LA VENTE

Elle sera faite au comptant.

Les Acquéreurs paieront CINQ POUR CENT en sus du prix d'adjudication.

L'Exposition mettant les Acquéreurs à même de se rendre compte de l'état des Objets, il ne sera reçu aucune réclamation une fois l'adjudication prononcée.

DES OBJETS

Émaux cloisonnés et autres.

1 — Vase ou Brûle-parfums de forme très-curieuse, reposant sur quatre pieds têtes d'éléphants; en émail cloisonné, à attributs, ornements et grecques de diverses nuances sur fond bleu turquoise. Ses anses sont formées de dragons en bronze doré.

2 — Petit Brûle-parfums de forme sphérique, reposant sur trois pieds bas et à anses surélevées, en émail cloisonné à fleurs sur fond bleu turquoise.

3 — Petit Vase de forme cylindrique, en émail cloisonné à fleurs sur fonds variés. Les pieds et les anses sont en bronze.

4 — Boîte de forme quadrilobée en émail cloisonné, à ornements sur fond bleu turquoise et portant l'emblème de longévité en émail rouge sur fond vert.

5 — Petit Vase forme bouteille en émail cloisonné, à fleurs et fruits sur fond bleu turquoise. Belle qualité.

6 — Petit Vase de forme cylindrique sur piédouche et Plateau festonné en émail cloisonné, à fleurs et ornements variés sur fond bleu turquoise.

7 — Petit Plateau rond à ombilic, en émail cloisonné, à
fleurs sur fonds blanc et bleu alternés.

8 — Deux Boîtes de forme lenticulaire, en émail cloisonné, à fleurs et rinceaux sur fond bleu turquoise. Le
couvercle de l'une manque.

9 — Garniture de toilette, en émail de Chine, décorée
de figures et de fleurs en couleur sur fond blanc. Elle
se compose d'une large cuvette, d'un vase à eau, d'une
boîte à brosse et d'une boîte à savon.

10 — Deux Plateaux en émail de Chine; l'un d'eux est
décoré de figures sur fond blanc, et l'autre de figures
et ornements sur fond vert.

11 — Trois Pièces en émail de Chine : Boîte de forme
cylindrique, petite Boîte à contours et Porte-allumettes
à pans.

Matières précieuses.

12 — Jade blanc. Belle Coupe ronde à couvercle, évidée
d'épaisseur.

13 — Jade blanc. Beau Brûle-parfums à couvercle dômé
et à deux anses, garni de six anneaux mouvants pris
dans la masse. Cette pièce est enrichie de fines gra-
vures en relief.

14 — Jade gris-verdâtre. Jolie Boîte de forme cylindrique
décorée de fleurs finement gravées en relief. Son couvercle est orné au centre d'un rubis serti en or. Tra-
vail de l'Inde.

15 — Jade vert-émeraude. Boîte de forme lenticulaire, à ornements gravés en relief. Le couvercle est d'une nuance remarquable.

16 — Jade gris. Vase de forme ovoïde tenu par deux figurines debout; le tout pris dans la masse.

17 — Jade blanc et gris. Deux Epingles de coiffure et cinq Amulettes.

18 — Jade blanc. Deux Flacons-tabatières et petit Cachet surmonté d'une chimère.

19 — Agate orientale. Deux Flacons-tabatières.

20 — Agate orientale. Petite Coupe ronde et trois Amulettes.

21 — Réalgar et Ambre. Amulette gravée et deux morceaux d'Ambre.

22 — Sceptre en laque rouge de Pékin, garni de plaques de jade gravé et quatre boules en cornaline montées sur un manche de bois garni en cuivre.

23 — Neuf Pièces en matières diverses : jade, pierre de Lard, agate, etc.

24 — Petit Vase, imitation de lapis; huit Flacons en verre, imitation de jade et agate, et neuf Bouts de pipes, imitation de jade.

Ce lot sera divisé.

Bijoux.

25 — Petit Sceptre en filigrane d'or enrichi d'incrustations diverses; fruits, chauves-souris, etc.

26 — Lot de cinquante-quatre Perles fines baroques.

27 — Beau Collier composé de cent grains de corail.

28 — Lingot d'argent portant des caractères gravés et dorés.

29 — Deux Pièces en argent : petite Boîte de forme cylindrique et Pagode renfermant une divinité en bronze.

30 — Fragments de Pendants d'oreilles et deux Colliers.

31 — Eventail dont la monture en ivoire est finement sculptée à figures; la feuille est enrichie de faces en relief peintes sur ivoire. Etui en laque.

32 — Sept Eventails chinois; l'un d'eux a un étui en laque.

33 — Six Pièces en ivoire sculpté; Casse-tête chinois et Amulettes.

34 — Cinq autres Pièces en ivoire sculpté à fleurs : Bracelet, deux Epingles de coiffure et deux Plaques pour broches.

Bronzes.

35 — Plat rond et creux, en bronze gravé à fleurs et oi-
seaux.

36 — Ting ou brûle parfums, reposant sur trois pieds
droits, en bronze incrusté d'argent.

37 — Divinité accroupie, en bronze doré.

58 — Autre très-petite Divinité, en bronze doré.

39-40 — Quatre Divinités en bronze, l'une d'elles sur so-
cle en forme de fleur.

41 — Brûle-parfums, en forme d'éléphant.

42 — Quatre petits Vases en bronze, modèle balustre.

43 — Deux Cornets et un petit groupe de deux figures,
en bronze.

44-45 — Quatre Brûle-parfums en bronze, l'un d'eux est
incrusté d'argent.

46 — Deux Brûle-parfums à anse mobile et à couvercle
découpé à jour.

47 — Deux Flambeaux fermants, en bronze incrusté d'argent.

48 — Quatre Flambeaux pliants, en bronze.

49 — Petit canon en bronze.

50 — Deux pièces : Porte-pinceaux incrusté d'argent, et
Brûle-parfums en forme d'animal fantastique, incrusté
d'or et d'argent.

Porcelaines.

51 — Belle Jardinière en porcelaine de Chine, décorée de paysages avec figures et ornements émaillés en couleurs.

52 — Deux Vases brûle-parfums en porcelaine de Chine, décorés d'ornements sur fond rose et reposant sur des socles carrés émaillés en couleurs.

53 — Deux Vases, modèle balustre, décorés de personnages et à anses formées de dragons et de chimères en relief.

54 — Deux petits vases porte-allumettes en porcelaine de Chine, à figures et ornements décorés en couleurs.

55 — Quantité de Plats, Assiettes, Tasses, Soucoupes, Bols, Théières, etc., qui seront vendus par lots.

Laques.

56 — Cantine en laque noir à fleurs en or et en couleurs.

57 — Boîte à jeux en laque noir, garnie de ses ustensiles en ivoire sculpté.

58 — Deux Boîtes en laque aventurine et décor d'or.

59 — Cave à liqueurs en laque noir.

60 — Deux Écritoires en laque noir et décor d'or.

61 — Coupe ronde à couvercle en laque rouge et or.

62 — Quatre Tasses présentoirs en laque rouge et or.

63 — Deux Plateaux en laque rouge et or.

64 — Quantité de Boîtes, de diverses formes et dimensions, en marqueterie de paille; ce lot sera divisé.

65 — Quatre petites Boîtes en laque rouge de Pékin; ce lot sera divisé.

66 — Lot de Coupes et Boutons japonais laqués.

67 — Boîte à thé en laque noir et or.

Étoffes.

68-83 — Seize pièces : Étoffes de soie brochées à fleurs et ornements en couleur pour tentures et robes; elles seront vendues séparément.

Objets variés.

84 — Belle paire de Sabres japonais à fourreaux laqués et burgautés et riches garnitures ciselées.

85 — Fusil à mèche et grand Sabre garni en fer.

86 — Trois Poignards ou Couteaux; l'un d'eux formé de monnaies de bronze.

87 — Deux Poupées articulées.

88 — Lot de Chaussures diverses.

89 — Lot de Pitongs en bois sculpté.

90 — Lot de Pipes et Trousses pour fumeurs.

91 — Trois Bonnets de mandarins.

92 — Lot de Coquillages.

93 — Six Rouleaux peints à fleurs et figures.

94 — Cinq Brochures sur papier de Chine.

95 — Lot de Sculptures en bois provenant d'un siége.

96 — Lot de Bâtons d'encre de Chine.

97 — Trousse garnie de ses ustensiles et enrichie d'incrustations de bois et d'ivoire.

98 — Quantité d'Objets variés seront vendus sous ce numéro.

Renou et Maulde, imprimeurs de la Compagnie des Commissaires-Priseurs,
rue de Rivoli, 144   2722

www.ingramcontent.com/pod-product-compliance
Lightning Source LLC
LaVergne TN
LVHW020859200726
843508LV00003B/1237